Armin Täubner

Löffelkerlchen zur Winterzeit

Bastelideen aus Kochlöffeln

Schneemann-Trio

(Abbildung Seite 1)

Motivhöhe
ca. 33 cm

Material
- 3 Holzkochlöffel, 31 cm lang, runde Kelle, 5,5 cm breit
- Tonkarton in Gelb, Hellbraun, Braun, Grün, Dunkelgrün, Rot, Weiß, Grau, Schwarz, Orange
- Bastelfarbe in Weiß
- Filz in Grün, Rot, Blau
- Abacafaser in Schwarz
- Grasfaser in Braun, Gelb
- Baumwollkordel in Weiß, ø 3 mm, 3 x 25 cm lang
- 6 Rohholzperlen, ø 12 mm
- 10 Holzperlen in Schwarz, ø 6 mm
- Strukturschnee
- Bast in Natur
- Blumendraht, ø 0,35 mm
- Bohrer, ø 3 mm

Vorlagenbogen 2A

Die beiden Armlöcher bohren und den Löffel weiß anmalen.
Am Hut von hinten Gras- bzw. Abacafaser als Haare ankleben. Den Hut auf dem Kopf fixieren. Das Gesicht aufmalen und die Nase ankleben.
Die Baumwollkordel von hinten durch die beiden Armlöcher stecken und jeweils eine weiß grundierte Holzperle anknoten.
Den Kopf auf den Rumpf kleben. Den Schal (20 cm x 2 cm) umbinden bzw. die mit Draht abgebundene Fliege (3,5 cm x 2,5 cm) ankleben und die Perlen als Knöpfe fixieren.
Strukturschnee auftragen, Schild und Bastschleifen anbringen sowie an einem Stück Draht ein Herz und einen Stern befestigen.

Weihnachtsmann

(Abbildung Seite 3)

Motivhöhe
ca. 32 cm

Material
- Holzkochlöffel mit Spitze, ca. 31 cm lang, 5,5 cm breit
- Tonkarton in Weiß, Rot, Dunkelgrün
- Bastelfarbe in Rot
- 2 Wackelaugen, ø 5 mm
- Holzperle in Rot, ø 10 mm (mit dem Cutter halbieren)
- Pompon in Weiß, ø 20 mm

Vorlagenbogen 1A

Am Kochlöffel die Spitze und den Stiel rot anmalen, das Gesicht aussparen. Auf den Mützensaum, den Schnurr- und den Kinnbart (alles aus Karton) mit einem Zahnstocher Strukturschnee auftragen.
Nach dem Trocknen zuerst den Kinnbart, dann die Nase und die Wackelaugen aufkleben. Das beschriftete Schild samt Handschuhen und den Schnurrbart anbringen. Mit einem spitzen Bleistift die Mundwinkel aufzeichnen und mit Buntstift die Wangen röten. Den Mützenpompon aufkleben.

Fotos: frechverlag GmbH, 70499 Stuttgart;
Fotostudio Ullrich & Co., Renningen

Dieses Buch enthält: 2 Vorlagenbogen

Auflage: 5. 4. 3. 2. 1. | Letzte Zahlen
Jahr: 2007 2006 2005 2004 2003 | maßgebend

frechverlag GmbH, 70499 Stuttgart
Druck: frechdruck GmbH, 70499 Stuttgart

ISBN 3-7724-3202-6 · Best.-Nr. 3202

Winter mit den Löffelkerlchen

Haben Sie es auch schon bemerkt? Gewöhnliche Kochlöffel aus Holz sind dabei, von der Küche aus die ganze Wohnung zu erobern! Gerade zur Winter- und Weihnachtszeit tauchen sie überall auf: als Adventskalender im Kinderzimmer, als Tischkärtchen auf der Festtagstafel, als Willkommensschild an der Tür oder gar als Thermometer auf der Terrasse.

Sie werden sehen:
Mit etwas Farbe, Papier, Draht und Wolle können Sie die vielfältigsten Kerlchen gestalten. Und waren bei Ihnen Löffel bisher nur zum Umrühren da, wird sich das jetzt bestimmt ändern!

Viel Spaß mit den Löffelkerlchen wünscht Ihnen

Ihr

Materialien

- Holzkochlöffel in verschiedenen Formen und Größen, Raclettespatel
- Tonkarton in verschiedenen Farben
- Matte Bastelfarben, teilweise mit Struktureffekt
- Verschiedene Drähte, Kordeln, Fasern
- Strukturschnee

Folgende **Hilfsmittel und Werkzeuge** sollten Sie zur Hand haben. Sie werden bei den einzelnen Modellen nicht aufgeführt.

- Zahnstocher
- Bohrmaschine
- Bohrer, ø 1 mm bis ø 12 mm
- Transparentpapier und Karton für Schablonen
- Bleistift und Radiergummi
- Sehr feiner schwarzer Filzstift oder Tuschefüller
- Buntstift in Rot
- Schere, Seitenschneider, Cutter mit Schneideunterlage
- Alleskleber, Klebestift
- Flacher Haarpinsel Nr. 8, Borstenpinsel Nr. 8
- Lochzange, Vorstechnadel

Hinweis
Soweit nicht anders angegeben, genügen für die einzelnen Figuren Tonkarton- bzw. Filzreste.

Schablonen anfertigen und mit ihnen arbeiten

Pausen Sie die Motivteile ohne Überschneidungen nebeneinander mit Bleistift auf Transparentpapier ab. Anschließend kleben Sie das Transparentpapier auf einen Tonkartonrest. Schneiden Sie die Teile aus. Das sind Ihre Schablonen.
Legen Sie die Schablonen auf Tonkarton, ziehen Sie die Umrisse mit Bleistift nach und schneiden Sie die Teile aus. Kleben Sie die Einzelteile nach Anleitung zusammen.

Bohrschablonen

Muss der Kochlöffel durchbohrt werden, finden Sie Bohrvorlagen auf dem Vorlagenbogen. Fertigen Sie sich wie oben beschrieben eine Schablone an, aus der Sie mit der Lochzange die Bohrlöcher ausstanzen. Die Schablone legen Sie auf den Löffel und markieren mit Bleistift die Bohrungen.

Gesichter

Sie werden stets mit Bleistift leicht vorgezeichnet. Beginnen Sie mit der Nase als Mittelpunkt des Gesichts und zeichnen Sie dann Augen und Mund auf. Anschließend werden die Linien mit einem sehr feinen schwarzen Filzstift oder Tuschefüller nachgezogen. Die Wangen werden mit Buntstift gerötet.

Strukturschnee

Den Strukturschnee tragen Sie mit dem Borstenpinsel auf größere Flächen auf. Bei Hüten streifen Sie den Strukturschnee am Hutrand ab. Für kleinere Flächen verwenden Sie einen Zahnstocher.

Tipp
Die Kartonteile können Sie auch aus dünnem Sperrholz (3 mm dick) aussägen und entsprechend bemalen.

Tipp
Wenn Sie Kordelenden mit Klebstoff bestreichen und in Drehrichtung zusammendrehen, entsteht ein stabiles, leicht spitzes Ende, das sich leicht durch die Bohrung führen lässt.

Herzlich willkommen

Die Kochlöffel komplett rot bzw. weiß, das Schild grün grundieren. Die Löcher bohren: Der Abstand der Bohrungen in den Stielen der Weihnachtsmann-löffel beträgt 18 cm, in den Stielen der Schneemannlöffel 13 cm. Einen weißen Kochlöffel zusätzlich noch 3 mm vom Rand entfernt am Haaransatz durchbohren. In die Schilderecken ebenfalls Löcher bohren. Bei den roten Kochlöffeln die späteren Gesichtsflächen mit Hautfarbe übermalen.

Schneemänner

Ein 7 cm langes Abacafaserbüschel in der Mitte mit dem 10 cm langen Draht doppelt umwickeln, ein Drahtende von vorne durch die Stirnbohrung stecken und auf der Rückseite mit dem anderen Ende verdrehen. Die Enden kürzen. Bei der Schneefrau ein 10 cm langes Abacafaserbüschel um den Stiel legen, mit dem 15 cm langen Draht doppelt umschlingen und die Drahtenden auf der Rückseite miteinander verdrehen. Ganz leicht den Mund mit Bleistift vorzeichnen und die Position der Augen festlegen. Den Mund mit Filzstift nachziehen, die Wangen mit Buntstift röten, die Nasen und die Wackelaugen aufkleben. Das Haar zurechtschneiden.

Weihnachtsmänner

Die Kartonmützen mit der roten Bastelfarbe übermalen, damit der Farbton exakt gleich ist. Die Mütze an den oberen Löffelrand kleben, dann den Mützensaum, den Bart und den Pompon (alles aus Karton) anbringen. Mit Zahnstocher Strukturschnee auftragen. Nase und Wackelaugen ankleben. Die Mundwinkel aufzeichnen und die Wangen mit Buntstift röten. Den Schnurrbart mit Strukturschnee bestreichen und aufkleben.

Zusammenbau

Die Kochlöffel Bohrung auf Bohrung legen und die 25 cm langen Drähte jeweils zur Hälfte durchziehen, die Enden auf der Rückseite miteinander verdrehen. Das Schild in die Mitte legen und die Drahtenden durch die Bohrungen in den Schildecken ziehen und erneut miteinander verdrehen. Den Aufhängedraht um ein Holzstäbchen (ø 3 mm) wickeln, abstreifen, dehnen und die Enden durch die

beiden oberen Rahmenbohrungen stecken und andrahten. Die Herzen mit der Lochzange lochen, die beiden Herzdrähte halb durch die oberen Bohrungen des Schildes ziehen, dann die Drahtenden mit dem Holzstäbchen zu Spiralen drehen, dehnen und die Herzen daran befestigen.
Auf die Blätter die schwarzen Adern zeichnen und sie zusammen mit den roten Holzperlen auf dem Rahmen anordnen.

Löffel-kerlchen

Motivhöhe
ca. 26 cm

Material
- 2 Holzkochlöffel, ca. 31 cm lang, runde Kelle, 5,5 cm breit
- 2 Holzkochlöffel, ca. 24 cm lang, runde Kelle, 4,5 cm breit
- Sperrholz, 3 mm dick, 15 cm x 9 cm (Schild)
- Tonkarton in Weiß, Rot, Dunkelgrün
- Bastelfarbe in Weiß, Rot, Hautfarbe, Dunkelgrün
- Strukturschnee
- 6 Wackelaugen, ø 5 mm
- 16 Holzperlen in Rot, ø 8 mm
- Holzperle in Rot, ø 12 mm (mit dem Cutter halbieren)
- Abacafaser in Schwarz
- Lackdraht in Schwarz, ø 0,4 mm, 10 cm (Kopf Schneemann), 15 cm (Kopf Schneefrau), 4 x 25 cm (Rahmenecken), 50 cm (Aufhängung), 2 x 20 cm lang (Herzen)
- Bohrer, ø 1,5 mm

Vorlagenbogen 1A

Löffel-kerlchen

Motivhöhe
ca. 45 cm

Material

- 2 Holzkochlöffel, 31 cm lang, runde Kelle, 5,5 cm breit
- Tonkarton in Sand, Beige, Rot, Grün, Braun
- Bastelfarbe mit Struktureffekt in Braun
- Strukturschnee
- 4 ovale Wackelaugen, ø 8 mm
- Filz in Grün, 2 x 45 cm x 3 cm (Schals), 12 cm x 5 cm, 18 cm x 5,5 cm, 12 cm x 4 cm, 14 cm x 7 cm (insgesamt 24 Täschchen)
- Plusterfarbe in Rot
- Wolle in Rot
- Blumendraht, ø 0,65 mm, 2 x 20 cm lang
- Bohrer, ø 2 mm
- Föhn

Vorlagenbogen 1A

Elch-Adventskalender

Die Löffel und die Elchohren mit der Bastelfarbe grundieren. Auf den beigefarbenen Unterkiefer die rote Zunge kleben. Den Unterkiefer von hinten an der Schnauze befestigen. Die Nüstern mit Bleistift ausmalen. Die Schnauze zusammen mit den Wackelaugen und dem Geweih auf den Löffel kleben. Die Ohren von hinten anbringen.
Die Löffel jeweils viermal durchbohren (3 cm und 4 cm vom Stielende entfernt und nach weiteren 16 cm und 17 cm).
Die Stiele übereinander legen und die beiden U-förmig gebogenen Drähte von oben durch die beiden Löcherpaare stecken. Auf der Unterseite die Drahtenden miteinander verdrehen und kürzen. An den beiden Drahtösen den Wollfaden einhängen.
Den Strukturschnee auftragen und trocknen lassen.
Die Täschchen in der Mitte umschlagen und an den Rändern zusammenkleben. Mit der Lochzange Aufhängelöcher ausstanzen und die Zahlen und Zierränder (auch an den Schals) mit Plusterfarbe aufmalen. Anschließend mit dem Föhn aufplustern. Die Täschchen mit Wollfäden an den Adventskalender hängen, die Schals umbinden und die Stechpalmenblätter aus Karton aufkleben. Den zusammengeklebten Stern anhängen.

Tipp
Stabiler werden die Täschchen, wenn Sie sie mit der Nähmaschine nähen.

Löffel-kerlchen

Plätzchen-**Frieda**

Motivhöhe
ca. 38 cm

Material
- Holzkochlöffel mit Spitze und Loch in der Mitte, 31 cm lang, 5,8 cm breit
- Bastelfarbe in Weiß
- Bast in Natur, 30 cm lang
- Stoff in Rot mit weißen Punkten (Kreis, ø 7 cm)
- 2 Wackelaugen, ø 7 mm
- Tonkarton in Rot
- Stoffband in Rot-Weiß kariert, 5 mm breit, 3 x 25 cm lang
- Watte
- Blumendraht, ø 0,35 mm, 3 x 15 cm lang
- Bohrer, ø 2 mm

Vorlagenbogen 1A

Die Löffelspitze durchbohren und den Löffel weiß anmalen. Den Mund aufzeichnen und die Wackelaugen ankleben. In die Mitte des runden Stoffstücks etwas Watte legen und als Nase von hinten durch das Löffelloch drücken. Die Stoffränder auf der Rückseite ankleben. Das Bastbüschel 9 cm von einer Seite entfernt mit Draht fest abbinden. Die Bindestelle über die Bohrung an der Löffelspitze halten und ein Drahtende durch die Bohrung von vorne stecken, beide Drahtenden auf der Rückseite miteinander verdrehen. Den Bast in zwei Stränge teilen. Den Strang links nach 5 cm, den Strang rechts nach 9 cm mit Draht abbinden. Den Draht an den Bindestellen mit Stoffschleifen verdecken.
Das beschriftete Herz aufkleben.

Schnee-**Didi**

Motivhöhe
ca. 34 cm

Material
- Holzkochlöffel, 31 cm lang, runde Kelle, 5,5 cm breit
- Tonkarton in Blau, Rot, Weiß
- Bastelfarbe in Weiß
- 2 Wackelaugen, ø 10 mm
- Abacafaser in Schwarz
- 4 Holzperlen in Schwarz, ø 10 mm
- Rundholzstäbchen, ø 3 mm

Vorlagenbogen 1A

Den Kochlöffel weiß grundieren und das Gesicht aufzeichnen. Die 15 cm langen Abacafasern in der Mitte knicken und hinten ankleben. Anschließend die Ohren befestigen. Die Haare zurechtschneiden. Auf die Fliege mit dem Holzstäbchen die weißen Punkte auftupfen. Die Holzperlen als Knöpfe auf den Stiel kleben.

PLÄTZCHEN
FRIEDA

Löffel-kerlchen

Motivhöhe

ca. 16 cm bis 18 cm

Material

- 3 Raclettespatel, 13 cm lang, 3,7 cm breit
- Tonkarton in Gelb, Orange, Rot, Braun, Schwarz, Blau, Weiß
- Bastelfarbe in Weiß
- Strukturschnee
- Abacafaser in Schwarz
- Grasfaser in Gelb, Braun
- Stoff in Blau-Weiß kariert
- Stoff in Rot-Weiß kariert, 15 cm x 3 cm und 2,5 cm x 2 cm
- Blumendraht, ø 0,35 mm
- 4 Teelichter
- 4 Aludrähte, ø 2 mm, 60 cm bis 80 cm lang
- Styroporplatte, 4,5 cm dick, 50 cm x 8 cm
- Laubsäge
- Küchenmesser

Vorlagenbogen 1A

An die Hüte von vorne das Hutband und den Stoffflicken und von hinten die Haare ankleben. Die Hüte auf die weiß grundierten Spatel kleben.
Die Gesichter aufzeichnen und die Nasen ankleben. Die Fliege und das Schild mit den Händen ankleben und den Schal und das Halstuch umbinden. Das kleine Stoffstück mit Draht zur Fliege abbinden und ankleben. Mit einem Zahnstocher noch etwas Strukturschnee auftragen.

Drei **Männer** im Schnee mit Licht

Die Styroporplatte mit der Laubsäge zurechtsägen.
Den Aludraht zweimal um ein Teelicht winden, nach unten zu die Windungen immer enger werden und das letzte Stück gerade auslaufen lassen.
Mit dem Messer vorsichtig Schlitze in die Styroporplatte schneiden.
Die Schneemänner hineinstecken, die Drahtkerzenhalter direkt in das Styropor einstechen.

Löffel-kerlchen

Rentier-Trio

Den Kochlöffel grau grundieren und trocknen lassen. Auf den weißen Unterkiefer die Zunge kleben. Den Unterkiefer von hinten an das weiße Schnauzenteil kleben. Die Nase ankleben und das Schnauzenteil mit einer senkrechten schwarzen Filzstiftlinie trennen. Auf die grauen Ohren die weißen Ohrinnenflächen kleben.
An den Löffel zuerst von vorne die Schnauze, dann das weiße Stirnhaarbüschel und die Wackelaugen anbringen. Von hinten das Geweih und die Ohren befestigen. Mit dem Borstenpinsel Strukturschnee auftragen.
Ein Ende des langen Wollfadens unten am Kochlöffelstiel anknoten. Den Wollfaden spiralförmig um den Stiel wickeln und 3 cm unterhalb der Schnauze festknoten. Den kurzen Faden an dieser Stelle einmal um den Stiel schlingen, anknoten und an beide Fadenenden jeweils eine Holzperle anknoten.
Auf die Blätter mit Filzstift die schwarzen Blattadern zeichnen und an den Blatträndern Strukturschnee auftragen. Das Blattteil zwischen die roten Holzperlen klemmen.

Motivhöhe
ca. 37 cm

Material pro Rentier
- Holzkochlöffel, ca. 31 cm lang, runde Kelle, 5,5 cm breit
- Tonkarton in Grau, Sand, Weiß, Rot, Schwarz, Grün
- Bastelfarbe in Grau
- Strukturschnee
- 2 Wackelaugen, ø 12 mm
- 2 Holzperlen in Rot, ø 10 mm
- Wolle in Rot, 15 cm und 70 cm lang

Vorlagenbogen 1A

Wichtelpaar

(Abbildung Seite 16)

Eine Bohrschablone anfertigen. Die Löcher in die Löffel bohren und sie dann vollständig rot anmalen.
Auf den hautfarbenen Kartonkopf das Gesicht aufmalen und eine mit dem Cutter halbierte Holzperle (ø 10 mm) als Nase kleben. Den Kopf auf den Löffel kleben und den unteren Rand der Filzmütze um Stirn und Löffel legen und ankleben. Die Mütze bleibt auf der Rückseite teilweise offen. Mit Nadel und Faden das Glöckchen knapp unterhalb der Mützenspitze anbringen.
Den Chenilledraht als Arme von hinten durch die Bohrungen stecken und auf die Enden jeweils eine Rohholzperle kleben.
Für den Sack den Filz an den gestrichelten Linien umschlagen, die gepunktete Fläche mit Klebstoff bestreichen und zusammenkleben (Vorlagenbogen). Die entstandene Röhre an der Unterseite leicht öffnen, etwas Klebstoff am Rand auftragen und zusammendrücken. Nun den Sack mit Watte füllen, den Zweig anlegen und dann den Sack zubinden. Auf die Fadenenden jeweils eine Holzperle ziehen und mit mehreren Knoten sichern.
Das Schild wie abgebildet zusammenkleben und an den Löffeln befestigen.

Motivhöhe
ca. 38 cm

Material
- 2 Holzkochlöffel, ca. 31 cm lang, ovale Kelle, 5 cm breit
- Tonkarton in Hautfarbe, Gelb, Grün, Rot, Weiß
- Bastelfarbe in Rot
- 4 Rohholzperlen, ø 10 mm
- 2 Holzperlen in Rot, ø 6 mm
- 4 Holzperlen in Rot, ø 10 mm
- Holzperle in Rot, ø 8 mm
- Chenilledraht in Rot, 2 x 14 cm lang
- Filz in Rot und Hellbraun
- Watte
- Nadel und Faden in Rot, ø 1 mm
- 2 Metallglöckchen, ø 10 mm
- Bohrer, ø 3 mm

Vorlagenbogen 1B

Wichtelpaar
(Beschreibung Seite 15)

Elch-Kantenhocker

Zuerst die Löcher bohren. Dann die Stielspitze als Mütze rot oder grün anmalen. Den restlichen Spatel und die aus Tonkarton ausgeschnittenen Kartonohren braun anmalen. Die Mütze mit schwarzen Filzstiftlinien verzieren.
Von vorne auf den Spatel Geweih, Schnauze und Wackelaugen aufkleben. Von hinten die Ohren anbringen. Mit einem Zahnstocher etwas Strukturschnee auftragen.
Die Tanne mit der Lochzange lochen und Strukturschnee auftragen. Nach dem Trocknen Kordel oder Draht durchziehen und am Elchhals befestigen.
Die kurze Armkordel durch eine Armbohrung nach hinten und durch die andere Bohrung wieder nach vorne ziehen. Auf die Enden jeweils eine Holzperle kleben. Die Beine ebenso arbeiten.
Abschließend einen schmalen braunen Kartonstreifen als Rückenstütze von hinten an den Hals kleben, damit die Elche frei sitzen bleiben.

Motivhöhe
ca. 23 cm

Material pro Elch
- Raclettespatel, 13 cm lang, 3,7 cm breit
- Tonkarton in Sand, Braun, Grün
- Bastelfarbe mit Struktureffekt in Braun
- Bastelfarbe in Rot oder Grün
- Strukturschnee
- 2 Wackelaugen, ø 5 mm
- 4 Rohholzperlen, ø 15 mm
- Jutekordel in Natur, ø ca. 3,5 mm, 16 cm, 20 cm lang
- Dünne Kordel oder Blumendraht, 20 cm lang (Halsband)
- Bohrer, ø 4 mm (Beine)

Vorlagenbogen 1B

Motivhöhe
ca. 45 cm

Material

- Holzkochlöffel, 40 cm lang, ovale Kelle, 5 cm breit
- Alukarton in Gold
- Tonkarton in Hautfarbe
- Bastelfarbe in Blau, Gold
- 2 Rohholzperlen, ø 15 mm

Wunschzettel-**Engel**

- 2 Marionettenfüße, 32 mm x 24 mm
- Bast in Rostbraun, 16 cm lang
- Goldkordel, ø 0,8 mm, 2 x 50 cm lang
- Messingdraht, ø 0,3 mm, 10 cm lang (Haarbefestigung)
- Glitter Glue in Gold
- Bohrer, ø 3 mm
- Dünner Tonkarton in Weiß, 8 cm x 10 cm (Wunschzettel)
- Büttenrandschere
- 2 Mini-Wäscheklammern in Gold, 2,5 cm lang

Vorlagenbogen 2A

Eine Bohrschablone fertigen (Anleitung Seite 5) und vier Löcher für Arme und Beine in den Löffel bohren. Die Kelle und die Füße blau, den Stiel golden grundieren. Mit Glitter Glue Kreuze auf die Kelle malen.
Die Goldkordel jeweils doppelt nehmen und als Arme und Beine von hinten durch die Bohrungen ziehen. An die Enden die Holzperlen und die Marionettenfüße anknoten.
An der Stirn 5 mm vom Rand entfernt ein Loch einstechen. Das Bastbüschel mit dem Draht in der Mitte zusammenfassen, ein Drahtende von vorne durch das Stirnloch stecken und auf der Rückseite beide Enden miteinander verdrehen.
Auf Flügel und Sterne mit dem Finger Glitter Glue auftupfen. Flügel und Sterne aufkleben.
Den Wunschzettel mit der Büttenrandschere zuschneiden, beschriften, rollen, mit den Klammern fixieren und am Engel befestigen.

Tipp
Der Engel kann auch einen Gutschein oder Geld überbringen.

Geschenk-**Engelchen**

Motivhöhe
ca. 26 cm

Material
- Holzkochlöffel, 24 cm lang, runde Kelle, 4,5 cm breit
- Tonkarton in Hautfarbe
- Lederpapier in Bordeaux
- Alukarton in Gold
- Alukrepp in Gold
- Bastelfarbe in Hautfarbe
- Glitter Glue in Gold
- 2 Rohholzperlen, ø 15 mm
- Goldkordel, ø 0,8 mm, 20 x 16 cm lang
- Deko-Kordel in Bordeaux, ø 4 mm, 14 cm lang (Arme)
- Deko-Kordel in Bordeaux, ø 2 mm, 2 x 20 cm (Päckchenschleifen), 40 cm (Päckchenbefestigung), 15 cm lang (Haarschleifen)
- Messingdraht, ø 0,4 mm, 2 x 20 cm, 10 cm lang
- Rundholzstäbchen, ø 3 mm
- Bohrer, ø 1,5 mm

Vorlagenbogen 2A

3 mm vom Rand entfernt ein Loch in die Stirn bohren. Die Kelle hautfarben bemalen und das Gesicht aufzeichnen. Einen 20 cm langen Draht über das Rundholzstäbchen zu einer Spirale drehen, ein Ende durch die Stirnbohrung stecken und auf der Rückseite verdrehen. Am anderen Ende den Stern befestigen. Die Goldkordelhaare in der Mitte mit dem 10 cm langen Draht bündeln, ein Ende von vorne durch die Stirnbohrung stecken und auf der Rückseite mit dem anderen Drahtende verdrehen. Die beiden Einzelfäden der 15 cm langen Deko-Kordel für die Haarschleifen verwenden.
Das Lederpapier lochen und mit Glitter Glue verzieren. Das Lederpapierkleid auf den Löffelstiel kleben. Die Armkordel von vorne durch das Armloch ziehen, um den Stiel legen und durch das zweite Armloch wieder nach vorne ziehen. Auf die Kordelenden jeweils eine Holzperle kleben. Das Flügelpaar von hinten an den Löffelstiel kleben. Den restlichen Draht um einen Stift wickeln, abstreifen und unterhalb des Kleides andrahten. Am anderen Ende das Herz befestigen. Das Geschenk mit Alukrepp umwickeln, an den Enden mit der dünnen Deko-Kordel Schleifen binden. Das Päckchen an den Stiel binden.

Löffel-kerlchen

Motivhöhe
ca. 32 cm

Vorlagenbogen 1B

Material

- Holzkochlöffel, 31 cm lang, ovale Kelle, 5 cm breit
- Tonkarton in Schwarz, Orange
- Bastelfarbe in Grün, Schwarz, Weiß
- 2 Wackelaugen, ø 7 mm
- 2 Holzperlen in Schwarz, ø 8 mm
- Pompon in Schwarz, ø 15 mm
- Deko-Kordel in Orange, ø 2 mm, 18 cm lang (Beine)
- Edelstahldraht, schwarz ummantelt, ø 1 mm, 18 cm lang (Notizblockbefestigung)
- Bohrer, ø 3 mm
- Spiralblock, 11 cm x 7,5 cm

Pinguin

In den Löffel vier Löcher bohren: Drei gemäß der Bohrschablone (Anleitung Seite 5), 6 cm unterhalb der Beinlöcher die Bohrung für die Notizblockbefestigung anbringen.
Zuerst die Mütze grün, dann den restlichen Löffel schwarz anmalen. Nach dem Trocknen die Brust-Bauchfläche weiß übermalen.
Den Schnabel, die Wackelaugen, die Flügel und den Pompon ankleben.
Die Kordel für die Beine von hinten durch die Bohrungen ziehen. Je eine Holzperle und einen Fuß aufziehen und mit einem Knoten sichern.
Den Draht für die Notizblockbefestigung in der Mitte umklappen. Die beiden Enden von hinten durch die Bohrung stecken. Die Drahtenden spreizen und im Spiralblock einhängen.

Motivhöhe
ca. 32,5 cm

Vorlagenbogen 1B

Material

- Holzkochlöffel, 29,5 cm lang, ovale Kelle, 5 cm breit
- Tonkarton in Weiß, Rot, Schwarz
- Bastelfarbe in Weiß
- Je 2 Rohholzperlen, ø 12 mm, ø 15 mm
- 2 Wackelaugen, ø 7 mm
- Baumwollkordel in Weiß, ø 3 mm, 14 cm, 16 cm lang
- Lackdraht in Schwarz, ø 0,4 mm, 15 cm lang
- Bohrer, ø 3 mm
- Rundholzstäbchen, ø 3 mm

Eisbär

Eine Bohrschablone anfertigen und die Arm- und Beinlöcher bohren. Den Löffel und die Holzperlen weiß grundieren.
Die Enden der Baumwollkordeln von hinten durch die Bohrungen stecken. Auf die Kordelenden die Holzperlen kleben.
Die Nase und die Wackelaugen auf den Kopf kleben und den Kopf am Rumpf befestigen.
Den Draht um das Holzstäbchen wickeln, abziehen, dehnen, um den Hals legen und das Herz einhängen. Das Schild ankleben.

Motivhöhe
ca. 32,5 cm

Vorlagenbogen 1B

Material

- Holzkochlöffel mit Spitze, 31 cm lang, 5,5 cm breit
- Tonkarton in Beige, Schwarz, Braun
- Bastelfarbe mit Struktureffekt in Braun
- Bastelfarbe in Rot
- Strukturschnee
- 2 Wackelaugen, ø 5 mm
- Filz in Rot, 20 cm x 2 cm

Bär mit roter Mütze

Die Spitze des Kochlöffels rot, den restlichen Löffel und die Ohren braun anmalen.
Auf die Ohren die beigefarbenen Ohrinnenflächen kleben. Die Ohren und die Mützenbommel von hinten, die Schnauze und die Wackelaugen von vorne aufkleben.
Den Strukturschnee auftragen und den fransenförmig eingeschnittenen Schal umbinden.

Don't forget
COOL BLEIBEN

Löffel-kerlchen

Rentierduo

Motivhöhe

ca. 14 cm

Material pro Rentier

- Raclettespatel, 13 cm lang, 3,7 cm breit
- Tonkarton in Sand, Grau, Weiß sowie Grün oder Rot
- Bastelfarbe mit Struktureffekt in Grau
- Bastelfarbe in Weiß sowie Rot oder Grün
- Strukturschnee
- 2 Wackelaugen, ø 5 mm
- Lackdraht in Schwarz, ø 0,4 mm, 10 cm lang
- Metallglöckchen in Rot, ø 16 mm

Vorlagenbogen 1B

Die Stielspitze als Mütze rot oder grün anmalen. Den restlichen Spatel sowie die Ohren und das Schnauzenteil grau grundieren. Nach dem Trocknen die Rentierbrust weiß übermalen. Die Mütze mit einem schwarzen Filzstift verzieren.

Von vorne auf den Spatel Geweih, Schnauze und Wackelaugen ankleben. Von hinten die Ohren anbringen. Mit einem Zahnstocher etwas Strukturschnee auftragen. Als Rückenstütze einen schmalen, grauen Kartonstreifen von hinten am Hals befestigen.

Das Glöckchen am Draht um den Hals hängen.

Tipp

Ohne Stütze und mit einem in die Mütze gebohrten Loch, durch das Sie einen Aufhängefaden ziehen können, sind die Rentiere ein schöner Christbaumschmuck.

Tannenkerlchen

Motivhöhe

ca. 38 cm

Material

- Holzkochlöffel, 31 cm lang, runde Kelle, 5,5 cm breit
- Tonkarton in Grün, Rot, Gelb
- Bastelfarbe in Grün
- Strukturschnee
- Holzperle in Rot, ø 12 mm (mit dem Cutter halbieren)
- 2 ovale Wackelaugen, ø 10 mm
- Filzstift in Orange
- Bast in Natur
- Blumendraht, ø 0,65 mm

Vorlagenbogen 1B

Den Kochlöffel vollständig anmalen, evtl. auch die grüne Kartontanne überstreichen, damit die Farbe gleich ist. Die Nase und die Wackelaugen aufkleben, dann den Mund aufzeichnen.

Die Kerze von hinten an den Kopf und den Kopf auf die Tanne kleben. Die Flamme mit Filzstift aufmalen.

Mit dem Borstenpinsel und dem Zahnstocher Strukturschnee auftragen. Mit Draht eine Schleife aus Bast und evtl. Tannengrün umbinden.

NADINE
ALISA

Engelduo

Motivhöhe

ca. 16 cm

Material pro Engel

- Raclettespatel, 13 cm lang, 3,7 cm breit
- Tonkarton in Weiß, Hautfarbe
- Alukarton in Gold
- Bastelfarbe in Hautfarbe, Weiß
- Messingdraht, ø 0,3 mm, 30 cm (Aufhängung), 20 cm lang (Haarbefestigung samt Sternchen)
- Flowerhair in Gold
- Glitter Glue in Gold
- Bohrer, ø 2 mm

Vorlagenbogen 1B

3 mm vom Rand entfernt in die Stielspitze ein Loch bohren. Den Kopf und den Hals hautfarben, den Rest des Spatels weiß anmalen. Ein Ende des Aufhängedrahtes an der Stirnbohrung befestigen. Das Gesicht aufmalen und das Kleid mit Glitter Glue verzieren. Ein Flowerhairbüschel (ca. 8 cm bis 10 cm lang) in der Mitte mit dem kurzen Drahtstück zusammenfassen. Ein Drahtende von vorne durch die Stirnbohrung stecken und auf der Rückseite mit dem zweiten Drahtende verdrehen. An den Drahtenden die beiden Sternchen einhängen.
Auf die Flügel, den großen und die beiden kleinen Sterne mit dem Finger Glitter Glue auftupfen. Die Flügel und den großen Stern samt Händen am Engel ankleben.

Tipp

Diese Engel machen sich auch schön am Adventsstrauß oder am Christbaum.

Skifahrer-**Pinguine**

(Beschreibung Seite 26)

Skifahrer-Pinguine

(Abbildung Seite 25)

Motivhöhe

ca. 14 cm

Material pro Pinguin

- Raclettespatel, 13 cm lang, 3,7 cm breit
- Tonkarton in Schwarz, Weiß, Orange, Rot sowie Blau oder Grün
- Bastelfarbe in Schwarz, Weiß sowie Rot oder Blau
- Strukturschnee
- 2 Wackelaugen, ø 7 mm
- Pompon in Rot oder Grün
- Rundholzstäbchen, ø 2 mm, 2 x 6 cm lang
- Lackdraht in Schwarz, ø 0,4 mm, 30 cm lang
- Bohrer, ø 2 mm

Vorlagenbogen 2A

Ein Loch in den Stiel bohren. Die Stielspitze als Mütze rot bzw. blau anmalen, den restlichen Spatel schwarz grundieren. Nach dem Trocknen die Brust-Bauchfläche weiß übermalen.

Auf die rote bzw. grüne Skibrille die kleinere weiße Fläche und darauf die Wackelaugen kleben.

Die Brille unterhalb der Mütze und darunter den Schnabel anbringen. Auf der Rückseite die Flügel ankleben. Die Flügelspitzen umklappen und die grundierten Holzstäbchen als Skistöcke befestigen.

Den hinteren Teil der Füße an der gepunkteten Linie anritzen, umklappen und auf die Skier kleben. Die Bindungen anbringen. Die hochstehenden Enden der Füße von hinten an den Spatel kleben. Die Schilder befestigen und Strukturschnee auftragen.

Ein Drahtende um den Pompon legen, zusammendrehen, dann das andere Ende als Aufhängung durch die Bohrung ziehen. Über einen Stift zur Spirale drehen.

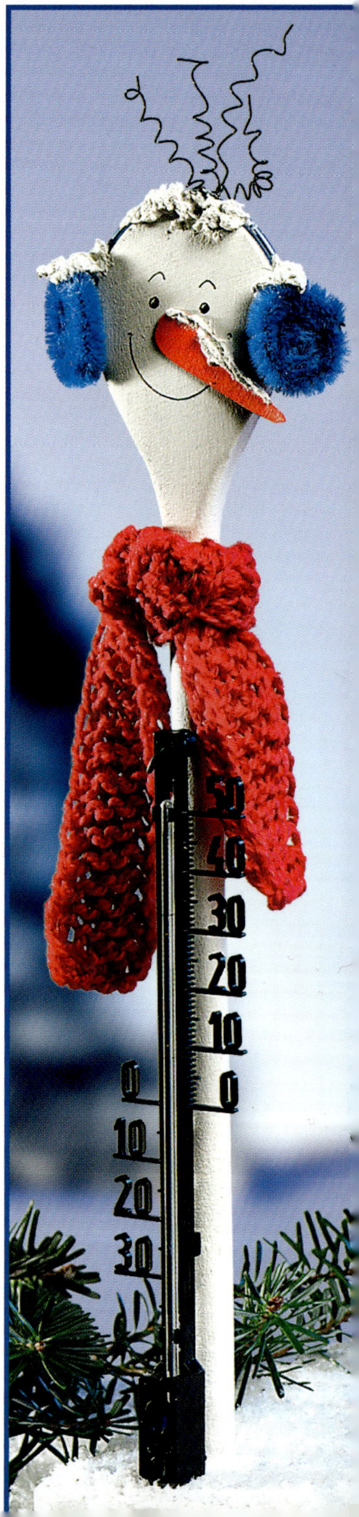

Temperatur- und **Schneehöhen**messer

In den Temperatur-Löffel die Löcher für die Haare und die Thermometerhalterung bohren.
Den Löffel weiß grundieren. Das Gesicht aufzeichnen und die Moosgummiteile ankleben.
Den Aludraht als Bügel über den Temperatur-Löffel legen und ankleben. Die Chenilledrähte zu Spiralen formen und als Ohrenschützer anbringen. Die beiden Lackdrähte zur Hälfte durch die Stirnbohrung ziehen, miteinander verdrehen und die Enden über das Holzstäbchen zu Spiralen drehen.
Das Thermometer anbringen: Jeweils ein Ende der beiden Steckdrahtstücke 0,5 cm vom Ende entfernt rechtwinklig umbiegen. Das Thermometer aufstecken.
Am Schneehöhenmesser die Skala aufzeichnen. Dabei die Dicke des Sockelbrettes berücksichtigen. Strukturschnee auftragen.
Die Kanten des Sockels (klein für einen Schneemann, groß für beide) mit der Feile abschrägen und das Brett weiß grundieren. Die Bohrungen anbringen. Den Schneemann in die Bohrung kleben.

Motivhöhe
ca. 32 cm

Material Temperaturmesser
- Holzkochlöffel, 28,5 cm lang, runde Kelle, 4,5 cm breit
- Moosgummi in Orange
- Wetterfeste Bastelfarbe in Weiß
- Strukturschnee
- Thermometer, 16 cm hoch, 3,5 cm breit
- Chenilledraht in Blau, 2 x 9 cm lang
- Wolle in Rot und Stricknadeln
- Aludraht in Blau, ø 2 mm, 9 cm lang
- Lackdraht in Schwarz, ø 0,4 mm, 2 x 14 cm lang
- Steckdraht, ø 1 mm, 2 x 3 cm lang
- Rundholzstäbchen, ø 3 mm
- Bohrer, ø 1 mm

Vorlagenbogen 2B

Material Schneehöhenmesser
- Holzkochlöffel, 28,5 cm lang, runde Kelle, 4,5 cm breit
- Moosgummi in Orange, Rot, Schwarz, Blau
- Wetterfeste Bastelfarbe in Weiß
- Strukturschnee
- Feiner, wasserfester Filzstift in Blau

Material Sockel
- Kraftkleber
- Holzbrett, 18 mm dick, 8 cm x 8 cm oder 15 cm x 15 cm
- Holzfeile
- Bohrer, ø 12 mm

Käfer fürs neue Jahr

Motivhöhe
ca. 33 cm

Material
- Holzkochlöffel mit Spitze, 30 cm lang, 5 cm breit
- Tonkarton in Rot, Weiß, Schwarz, Grün
- Bastelfarbe in Hellgrün, Schwarz
- Chenilledraht in Schwarz, 2 x 12 cm, 1 x 14 cm lang (unteres Beinpaar)
- Wollfaden in Rot, 60 cm lang
- Stoff in Rot mit weißen Punkten, 6 cm x 6 cm
- Bohrer, ø 3 mm

Vorlagenbogen 2A

Eine Bohrschablone fertigen (Anleitung Seite 5) und die Löcher bohren. Den Löffel gemäß der Abbildung bemalen.
Die Chenilledrahtbeine von hinten durch die Bohrungen stecken. Die Flügel, das Schild und den Kopf ankleben. Den Faden unten am Löffelstiel anknoten, um den Stiel winden, dabei durch das Schild fädeln. Das Tuch an einem Bein befestigen und die Beinchen zurechtbiegen.

Glücksschwein

Motivhöhe
ca. 20 cm

Material
- Holzpfannenwender, 30 cm lang, 5,8 cm breit
- Tonkarton in Rosa, Weiß, Grün
- Bastelfarbe in Rosa
- 2 Rohholzperlen, ø 18 mm
- 2 Holzwäscheklammern in Rot, 4,5 cm lang
- 2 Deko-Marienkäfer, ø 20 mm
- Baumwollkordel in Rosa, ø 3 mm, 27 cm lang
- Bohrer, ø 3 mm

Vorlagenbogen 2A

Eine Bohrschablone fertigen (Anleitung Seite 5) und die Löcher bohren. Die Holzperlen und den breiten Teil des Pfannenwenders rosa grundieren. Die Kordel durchziehen und die Perlen anknoten. Das Gesicht auf den Kopf zeichnen, dann die Rüsselscheibe aufkleben. Damit der Rüssel plastisch hervortritt, drei rosafarbene Kartonpunkte, ø 20 mm, unterlegen. Das beschriftete Schild anklammern und das Kleeblatt sowie die Marienkäfer aufkleben.

Rutsch-**Käfer**

Den Löffel wie abgebildet grundieren. Die Flügel mit einer schwarzen Linie trennen und die Klebepunkte anbringen. Die Perlen an den Drahtenden fixieren und den Draht am zusammengeklebten Kopf befestigen. Den Kopf auf den Rumpf kleben
Die Beine von hinten an den Rumpf, das Schild auf den Stiel kleben.

Schornsteinfeger

(Beschreibung Seite 30)

Motivhöhe
ca. 32 cm

Vorlagenbogen 2A

Material

- Holzkochlöffel mit Spitze, 30 cm lang, 5 cm breit
- Tonkarton in Schwarz, Weiß, Rot
- 7 Klebepunkte in Schwarz, ø 8 mm
- Bastelfarbe in Rot, Hellgrün
- Chenilledraht in Schwarz, 1 x 14 cm (vorderes Beinpaar), 2 x 11 cm lang
- Lackdraht in Schwarz, ø 0,4 mm, 10 cm lang
- 2 Holzperlen in Schwarz, ø 6 mm

Schornsteinfeger

(Abbildung Seite 29)

Motivhöhe
ca. 30 cm

Material
- Raclettespatel, 13 cm lang, 3,7 cm breit
- Tonkarton in Schwarz, Rot, Grün, Weiß
- Bastelfarbe in Schwarz, Hautfarbe
- Grasfaser in Gelb
- Filz in Rot, 20 cm x 2 cm
- Chenilledraht in Schwarz, 16 cm, 34 cm lang
- Bohrer, ø 3 mm

Vorlagenbogen 2A

Eine Bohrschablone fertigen (Anleitung Seite 5) und die Löcher bohren. Den Spatel hautfarben und schwarz grundieren. Nach dem Trocknen das Gesicht aufmalen.
An den Zylinder von vorne den Glücksklee, das Herz und das Hutband, von hinten die Grasfaser als Haare anbringen. Den Hut auf den Kopf kleben.
Den Chenilledraht als Arme und Beine durch die Bohrungen ziehen. Für die Füße das Drahtende nach 4 cm eng zurückbiegen und als Ferse um den Draht schlingen.
Den seitlich eingeschnittenen Schal umbinden.

Die heiligen drei **Könige**

Motivhöhe
ca. 29 cm bzw. 30 cm

Material
- 3 Holzkochlöffel, 27,5 cm lang, runde Kelle, 5 cm breit
- Tonkarton in Rot, Blau, Grün
- Alukarton in Gold
- Bastelfarbe in Hautfarbe, Ocker, Braun
- 2 Rohholzperlen, ø 12 mm (mit dem Cutter halbieren)
- 6 Wackelaugen, ø 5 mm
- Goldborte, 5 mm breit, 2 x 9 cm, 3 x 14 cm lang
- Goldkordel, ø 0,8 mm
- Chenilledraht in Rot, Blau, Grün, je 25 cm lang
- Puppenzopf in Schwarz
- 30 Baumwollfäden in Schwarz, ø 1 mm, 15 cm lang
- Papiertaschentuch (Turban)
- Glitter Glue in Gold
- Metallfolie in Gold, 0,15 mm dick (Kronen)

Vorlagenbogen 2B

Die Kelle und ein Stück Stiel bemalen. Die Holzperle für die Nase halbieren und in der gleichen Farbe bemalen. Die Nase zusammen mit den Wackelaugen aufkleben. Den Mund und die Brauen aufzeichnen.
Für den blauen König vom Puppenhaarzopf ein 7 cm langes Stück abschneiden, auflockern und auf den Kopf kleben. Beim grünen König die Haare mit einem Faden in der Mitte als Scheitel zusammenbinden. Die Haare auf den Kopf kleben. Die Kronen mit der Schere ausschneiden, um den Kopf biegen und mit Glitter Glue verzieren. Für den Turban das Papiertaschentuch zu einem ca. 2 cm breiten Band falten. Am Kopf von hinten zuerst das rote, mit Glitter Glue verzierte Turbanteil und die Ohren ankleben, dann das Taschentuchband um den Kopf wickeln und ankleben. Mit Glitter Glue goldene Punkte auftupfen.
Alle Gewänder haben denselben Schnitt, jedoch wird beim roten Gewand unten auf beiden Seiten jeweils ein weiteres Loch ausgestanzt. Die Gewänder mit aufgeklebten Borten verzieren, dann um den Löffelstiel legen und mit Goldkordel zusammenknüpfen.
Den Chenille-Armdraht einmal um den Hals schlingen, verdrehen und auf die Enden jeweils eine ggf. grundierte Holzperle kleben. Das Gewand von unten ein wenig über die Arme schieben.

Tipp
Diese Könige sind klassische Überbringer von Geschenken aller Art.

Löffel-kerlchen

Sterne

Motivhöhe

ca. 40 cm

Material pro Stern

- Holzkochlöffel, 39,5 cm lang, runde Kelle, 5,5 cm breit
- Tonkarton in Gelb, Rot
- Bastelfarbe in Gelb
- Abacafaser in Schwarz
- Lackdraht in Schwarz, ø 0,4 mm, 3 x 15 cm (Sternbefestigung am Kopf), 1 bzw. 2 x 45 cm lang (Sternbefestigung am Hals)
- Rundholzstäbchen, ø 3 mm

Vorlagenbogen 2B

Den Löffel gelb grundieren. Das Gesicht aufzeichnen. Die 15 cm langen Drähte jeweils um das Rundholzstäbchen wickeln, abziehen, dehnen und an einem Ende ein rotes Sternchen befestigen.
Die Abacafaser als Haare von hinten an den Kopf kleben. Nach dem Trocknen die Haare zurechtschneiden. Ohren, Sternspiralen und den großen Stern anbringen.
Den langen Draht mehrmals um den Hals wickeln, die Enden miteinander verdrehen, um ein Holzstäbchen wickeln, abziehen und jeweils ein Sternchen befestigen.